Este libro pertenece a:

_____

Fue obsequiado por:

_____

El día:

_____

Desarrollo Editorial por *Semantics, Inc.* P.O. Box 290186, Nashville, TN 37229
semantics01@comcast.net

Publicado por Casa Promesa, P. O. Box 719, Uhrichsville, Ohio 44683
www.casapromesa.com

*Nuestra misión es publicar y distribuir productos inspiradores que ofrezcan valor
excepcional y motivación bíblica al público.*

Member of the
Evangelical Christian
Publishers Association

Impreso en Estados Unidos de América.

Versa Press, Inc., East Peoria, IL 61611; August 2013; D10004093

Historias de navidad
para la hora de dormir

RENAE BRUMBAUGH
ILLUSTRADAS POR **DAVID MILES**

inspiración para la vida
CASA PROMESA
Una división de Barbour Publishing, Inc.

Contenido

¡Asustada! 6

El Rey 12

Adoptado 18

Un nuevo papá. 24

Escogiendo un nombre. 30

Dios con nosotros. 36

Cualquier cosa es posible 42

Una persona común y corriente 48

Buenos ciudadanos. 54

Confía y obedece 60

El asno de María 66

Una promesa es para siempre 72

No había lugar 78

¡Llegó la hora!. 84

Seguro y tibio. 90

El regalo en el pesebre 96

Haciendo su trabajo 102

Una luz resplandeciente 108

Una noche especial 114

Buscando al Rey 120

Alimento para las aves 126

¡Ángeles por todos lados! 132

Divulgando la noticia 138

El corazón de María 144

Ana 150

Los magos 156

El rey Herodes 162

Siguiendo la estrella 168

Regalos para el bebé Jesús 174

El mejor de los regalos 180

Alimentando a las ovejas 186

Sobre la autora 192

¡Asustada!

Entonces el ángel le dijo: María, no temas, porque has hallado gracia delante de Dios. Y ahora, concebirás en tu vientre, y darás a luz un hijo, y llamarás su nombre JESÚS.

LUCAS 1.30-31

Una noche, una jovencita llamada María estaba durmiendo. De repente, ¡una voz muy fuerte la despertó! Ella abrió los ojos y vio una luz brillante, y no sabía qué estaba pasando. María cubrió su rostro y quiso esconderse de lo que fuera que estaba en su cuarto.

Pero al echar una miradita entre sus dedos, ella vio a un ser hermoso vestido de blanco.

«¡Hola, María!», dijo el ángel, llamado Gabriel. «No tengas miedo. Dios piensa que eres realmente especial. Él quiere que seas la madre de Su Hijo. Y le llamarás "Jesús"».

María estaba asustada y no sabía qué pensar. Nunca antes había visto a un ángel. Tal vez quiso llorar o decirle al ángel que se fuera. ¡Quizás ella quiso salir corriendo! Pero no lo hizo. Ella amaba a Dios y estaba dispuesta a hacer cualquier cosa que Dios le pidiera.

Dios tenía un plan para bendecir a María, y Él quería bendecir al mundo entero a través de ella. A pesar de que estaba asustada, ella decidió obedecer a Dios.

Querido Padre, te doy gracias
por enviar a Jesús. Me alegra
que María te haya obedecido,
a pesar de que estaba asustada.
Cuando yo esté asustado,
ayúdame a recordar que Tú me
amas y que soy especial para ti.

EL ÁNGEL GABRIEL
VINO DEL CIELO,

Sus alas blancas como la nieve,
Sus ojos brillantes como el fuego,
Y dijo: «Saludos, humilde
doncella, María
Y dama con el más alto honor».
¡Gloria!

Serás conocida como madre bendita,
Todas las generaciones te
honrarán y elogiarán,
Tu Hijo será Emanuel,
como fue profetizado,
Dama con el más alto honor.
¡Gloria!

THE ANGEL GABRIEL FROM HEAVEN CAME
[EL ÁNGEL GABRIEL VINO DEL CIELO],
VILLANCICO VASCO

El Rey

Este será grande, y será llamado
Hijo del Altísimo; y el Señor Dios
le dará el trono de David su padre;
y reinará sobre la casa de Jacob para
siempre, y su reino no tendrá fin.

LUCAS 1.32-33

La mayoría de los reyes heredan sus coronas de los padres. Cuando nace un rey, se le llama príncipe. Luego, cuando tiene la edad suficiente, se convierte en el rey, y gobierna sobre su reino. Cuando muere, o quizás cuando ya es muy viejo para ser un buen gobernante, uno de sus hijos se convertirá en el rey.

En ocasiones, un rey puede perder completamente su reino. Quizás ocurre una guerra y otro país le quita el reino. O tal vez las personas de su reino deciden que quieren un rey diferente.

Jesús es un tipo de rey diferente porque Su reino nunca terminará. Le llaman el Príncipe de Paz, pero Él es también el Rey de reyes. Siempre ha sido rey, y siempre lo será.

Es un gobernante bondadoso y justo. Jesús nunca morirá, así que nunca tendrá que pasarle Su corona a nadie. Y no importa quién pueda tratar de quitarle Su reino, nunca tendrá éxito. El reino de Dios permanecerá para siempre, y Jesús siempre será su gobernante.

Querido Padre, gracias por enviar a Jesús para ser un gobernante bondadoso y justo. Estoy feliz porque Él es el rey y porque Su reino durará para siempre.

¡HAY UNA CANCIÓN EN EL AIRE!

¡Hay una canción en el aire!
¡Hay una estrella en el cielo!
¡Es la oración ferviente de una madre,
Es el llanto suave de un bebé!
Y la estrella llueve su fuego,
Mientras el pesebre en Belén
Acuna al Rey.

Hay un tumulto de gozo
Oh, el maravilloso nacimiento
Porque el dulce niño de la virgen
Es el Señor de la tierra.
Ay, la estrella llueve su fuego,
Mientras el pesebre en Belén
Acuna al Rey.

THERE'S A SONG IN THE AIR
[HAY UNA CANCIÓN EN EL AIRE],
POR JOSIAH HOLLAND

Adoptado

El nacimiento de Jesucristo fue así:
Estando desposada María su madre con
José, antes que se juntasen, se halló que
había concebido del Espíritu Santo.

MATEO 1.18

María y José estaban planificando casarse. Estaban muy entusiasmados con su boda. Quizás el plan era una gran fiesta, con muchos invitados y un banquete delicioso. Como la mayoría de las parejas, ellos soñaban con tener hijos algún día.

Pero entonces María y José descubrieron que su primer hijo sería ¡el Hijo de Dios! Se convertirían en padres más pronto de lo que esperaban.

Jesús tenía dos papás. José era Su papá adoptivo. José amaba a Jesús y le enseñó todas las cosas que un buen padre le enseña a un hijo. José le enseñó a Jesús cómo ser un carpintero y cómo ser un buen hombre. Pero Dios también era padre de Jesús. Era importante que todos supieran que Jesús era verdaderamente hijo de Dios. Dios envió a Jesús como un regalo al mundo.

Igual que José adoptó a Jesús y lo educó como su propio hijo, Dios quiere adoptarnos a cada uno de nosotros como Sus hijos. Él nos ama y nos enseñará todo lo que necesitamos conocer en la vida.

Querido Padre, gracias por enviar a Tu Hijo como un regalo al mundo. Igual que José adoptó a Jesús, sé que Tú quieres adoptarme y convertirme en Tu hijo. Gracias por amarme y por enseñarme cómo vivir.

¡OH, ESCUCHEN VOSOTROS, HIJOS DE HOMBRE!

¡Oh, escuchen vosotros,
hijos de hombre!
Sus corazones y mentes preparen;
Para adorar al todopoderoso Salvador,
Aquel cuya sola gracia
Nos ha dado vida y luz,
El Señor prometido del cielo,
Ha sido mostrado a nuestro mundo.

Prepara mi corazón, Señor Jesús,
No me eches a un lado,
Y concédeme el que reciba de Ti
Este bendito regalo,
Desde el establo y el pesebre,
Ven a vivir en mi interior,
Alabanzas a Ti cantaré,
Y gloria a ti elevaré.

YE SONS OF MEN, OH, HEARKEN
[¡OH, ESCUCHEN VOSOTROS, HIJOS DE
HOMBRE], POR VALENTIN THILO

Un nuevo papá

Y pensando él en esto, he aquí un ángel del Señor le apareció en sueños y le dijo: José, hijo de David, no temas recibir a María tu mujer, porque lo que en ella es engendrado, del Espíritu Santo es. Y dará a luz un hijo, y llamarás su nombre JESÚS, porque él salvará a su pueblo de sus pecados.

MATEO 1.20-21

A José le sorprendió descubrir que María iba a tener un bebé. En un principio ni siquiera estaba seguro si quería o no adoptar al niño. Una noche, mientras estaba tratando de decidir qué hacer, tuvo un sueño.

En este sueño, un ángel le habló y le dijo: «José, no tengas miedo de hacer a María tu esposa y adoptar a su hijo. Él es el Hijo de Dios, pero va a necesitar a un papá aquí en la tierra.

Su nombre será Jesús, y será una bendición para todo el mundo».

José obedeció a Dios y adoptó a Jesús. Él se convirtió en el papá de Jesús y se sentía muy orgulloso de su hijo. Algunas veces, cuando no estamos seguros de qué hacer, simplemente podemos esperar. Si le pedimos a Dios que nos ayude, Él nos mostrará lo que quiere que hagamos.

Querido Padre, algunas veces no sé qué hacer. Ayúdame a siempre mirar a Ti para encontrar mis respuestas. Sé que Tú me ayudarás a hacer lo correcto. Gracias por dirigirme en la dirección que debo seguir.

JOSÉ, MI QUERIDÍSIMO
JOSÉ, AYÚDAME A ACUNAR
AL NIÑO DIVINO.

«José, mi queridísimo José,
Ayúdame a acunar al Niño divino.
Dios te recompense a ti y
todo lo que es tuyo, en el paraíso»,
así ora la madre María.
Él vino a nosotros en Navidad,
En tiempo de Navidad en Belén,
Los hombres deben traerle desde lejos

Una diadema de amor
Jesús, Jesús,
Aquí viene y nos ama
Y nos salva y nos liberta.
Muy feliz, mi querida Dama
Le ayudo a acunar a este Hijo suyo.
«La propia luz de Dios
brillará sobre nosotros
En el paraíso», como ora
la madre María.

JOSEPH DEAREST, JOSEPH MINE O *SONG OF THE CRIB*
[José, mi queridísimo José o Canción de la
cuna], Villancico alemán tradicional del
Siglo 14

Escogiendo un nombre

Porque un niño nos es nacido, hijo nos es dado, y el principado sobre su hombro; y se llamará su nombre Admirable, Consejero, Dios Fuerte, Padre Eterno, Príncipe de Paz.

ISAÍAS 9.6

Antes de que un bebé nazca, sus padres pasan mucho tiempo escogiendo el nombre de su hijo o hija. Un nombre es importante porque el niño lo llevará por el resto de su vida. Con frecuencia, los padres escogen un nombre que refleja un rasgo de carácter positivo. O quizás, le dan el mismo nombre de alguien a quien ellos admiran.

Cuando Jesús nació, le pusieron muchos nombres. Cada nombre nos dice algo sobre quién es Él. Se le llama Admirable porque Él *es* admirable. Se le llama Consejero porque Él nos ayuda a tomar buenas decisiones.

Jesús es el Dios Fuerte. Él no está debajo de Dios —¡Él *es Dios*! Él es el Padre Eterno. Aun aquellos que no tienen un padre aquí en la tierra pueden afirmar que Jesús es su Padre. Él nunca dejará de ser Padre para todo el que se lo pida.

Él es el Príncipe de Paz. Aun cuando las cosas nos asustan y nos inquietan, podemos sentir paz si conocemos a Jesús.

Jesús tiene muchos otros nombres más. Y cada nombre nos dice cuan maravilloso es Él. Cada uno nos deja saber lo mucho que Él nos ama.

Querido Padre, gracias por darle muchos nombres a Jesús para que así podamos conocer más sobre Él. Ayúdame a descubrir y recordar todas las cosas maravillosas sobre Él.

ESCUCHAD EL SON TRIUNFAL

Escuchad el son triunfal
de la hueste celestial:
Paz y buena voluntad;
salvación Dios os dará.

Cante hoy toda nación
la angelical canción;
Estas nuevas todos den:
¡nació Cristo en Belén!

ESCUCHAD EL SON TRIUNFAL
POR CHARLES WESLEY,
TRADUCIDO POR HERALD ERICHSEN

Dios con nosotros

Todo esto aconteció para que se cumpliese lo dicho por el Señor por medio del profeta, cuando dijo: He aquí, una virgen concebirá y dará a luz un hijo, y llamarás su nombre Emanuel, que traducido es: Dios con nosotros.

MATEO 1.22-23

Dios le había prometido a Su pueblo que Su hijo vendría para ser su rey. Por mucho, mucho tiempo ellos habían esperado por la llegada de Jesús. Habían esperado y orado. Había pasado tanto tiempo, ¡que algunos de ellos se preguntaban si realmente ocurriría!

Pero Dios les dio señales para que supieran que Jesús era realmente el Hijo de Dios. Tenían que buscar a una jovencita que fuera a tener un bebé. Ella llamaría a su hijo «Emanuel», que significa «Dios con nosotros». Cuando ocurrieran estas cosas, entonces sabrían que Dios había cumplido Su promesa.

Cuando Jesús nació, Dios realmente vino a vivir con nosotros. En lugar de estar en el cielo, donde nadie podía verlo, Él se hizo hombre. La gente ahora podía hablar con Dios, tocar a Dios, abrazar a Dios y reír con Dios. Y como Jesús es Dios, la gente podía estar con Él. Cuando Jesús vino, ¡Dios realmente estaba con nosotros!

Jesús estuvo con la gente cuando nació. Hoy, Dios todavía está con nosotros, cuidándonos y protegiéndonos. Él está en todas partes y podemos hablar con Él en cualquier momento. Él promete que nunca, nunca nos dejará.

Querido Padre, gracias por
decidir estar con nosotros.
Sé que puedo hablar contigo
en cualquier momento y que
nunca me abandonarás.

Escuchad el son triunfal

¡Salve, Príncipe de Paz!
Redención traído has,
Luz y vida con virtud,
En tus alas la salud.

De tu trono has bajado
Y la muerte conquistado
Para dar al ser mortal
Nacimiento celestial.

Escuchad el son triunfal
por Charles Wesley,
traducido por Herald Erichsen

Cualquier cosa
es posible

> Porque nada hay
> imposible para Dios.
>
> LUCAS 1.37

María no entendía cómo podía ser la mamá del hijo de Dios. No le parecía posible. Simplemente no tenía sentido y estaba confundida.

«No te turbes», le dijo el ángel. «Dios puede hacer cualquier cosa». Luego le dijo a María que su prima, Elisabet, también iba a tener un bebé. Elisabet ya era anciana y nunca había podido tener hijos. Parecía imposible que Elisabet tuviera un bebé a su edad. Pero Dios hizo que ocurriera.

María aceptó la explicación del ángel. Aún no entendía, pero sí sabía que Dios podía hacer cualquier cosa. Decidió confiar en Él aunque para ella no tenía sentido. «Listo», dijo. «Haré cualquier cosa que Dios me pida».

Algunas veces, las cosas no tienen sentido para nosotros. No siempre entendemos lo que Dios está haciendo. Pero aun cuando nos sintamos confundidos, podemos confiar en Dios. Él nos ama y tiene grandes planes para nosotros. Él puede hacer cualquier cosa —¡nada hay imposible para Dios! No importa lo que pase, podemos decidir ser como María. Podemos decir: «Aunque no entiendo, haré cualquier cosa que Dios me pida. Confiaré en Dios».

Querido Padre, me alegra saber
que no hay nada imposible
para Ti. Cuando me sienta
confundido, ayúdame a recordar
que todavía puedo confiar en
Ti. Cuando las cosas no tengan
ningún sentido para mí, puedo
confiar en que Tú sabes lo que
estás haciendo, y me cuidarás.

ME PREGUNTO MIENTRAS VAGO

Si Jesús hubiera deseado
cualquier cosa aquí
Una estrella en el cielo
o un ave en el ala
O que todos los ángeles de
Dios en el cielo cantaran
Ciertamente lo hubiera obtenido,
porque Él era el Rey.

Me pregunto mientras
vago bajo el cielo
Cómo Jesús el Salvador vino a morir
Por gente común y corriente
como tú y como yo
Me pregunto mientras
vago bajo el cielo.

I Wonder as I Wander
[Me pregunto mientras vago]
Villancico apalache tradicional

Una persona común y corriente

Entonces María dijo: Engrandece mi alma al Señor; y mi espíritu se regocija en Dios mi Salvador. Porque ha mirado la bajeza de su sierva.

Lucas 1.46-48

Cuando María comprendió que había sido escogida para ser la madre del Hijo de Dios, ¡se asombró! No podía creer que el Dios del universo la hubiera escogido a ella, una jovencita, para llevar a cabo tan enorme labor.

Posiblemente pensó: *¿Por qué me escogió a mí? Nunca he hecho nada importante. Todavía soy joven. Hay muchísimas chicas mayores, más listas, ricas e importantes… yo soy simplemente una persona común y corriente. ¿Por qué no escogió a alguien más?*

Pero Dios no busca a personas importantes para que lleven a cabo Su obra. Él quiere gente común y corriente, como tú y yo. Él quiere hombres y mujeres, niños y niñas que viven vidas ordinarias, trabajan con ahínco y hacen lo mejor posible en el colegio. Él quiere personas que le amen y que quieran hacer lo que Él dice.

Dios escogió a María, una jovencita, para ser la mamá de Su Hijo. De igual manera, te escoge a ti y a mí para hacer Su obra importante. Igual que María, nos podemos emocionar y asombrar al saber que Dios se fija en nosotros, que Él nos ve como personas importantes y que cree que podemos llevar a cabo Su obra.

Querido Padre, gracias por
encargarme tareas importantes.
Me siento honrado al saber
que me has escogido para
que haga cosas especiales
para ti. Haré cualquier cosa
que Tú me pidas. Te amo.

El ángel Gabriel
vino del cielo

Entonces María gentilmente
inclinó su cabeza,
«Sea conmigo como le
plazca a Dios», dijo.
«Mi alma alabará y exaltará
Su santo nombre».
Dama altamente bendecida,
¡Gloria!

De ella nació Emanuel, el Cristo
En Belén, en el amanecer de Navidad,
Y los cristianos por doquiera
siempre dirán:
Dama altamente bendecida,
¡Gloria!

THE ANGEL GABRIEL FROM HEAVEN CAME
[EL ÁNGEL GABRIEL VINO DEL CIELO]
VILLANCICO VASCO

Buenos ciudadanos

Aconteció en aquellos días, que
se promulgó un edicto de parte
de Augusto César, que todo el
mundo fuese empadronado. E
iban todos para ser empadronados,
cada uno a su ciudad.

LUCAS 2.1, 3

Augusto César era el emperador

del Imperio Romano. Él quería saber cuántas
personas vivían en su reino. Cada cierta can-
tidad de años, él pedía que todas las personas
fueran a sus pueblos natales para ser contadas.

En aquel tiempo, los viajeros empacaban
suficientes pertenencias para un viaje largo. La
gente que todavía vivía en sus pueblos natales
no tenía que ir lejos. Pero si alguien se había
mudado, él o ella tenían que empacar alimen-
tos, agua y ropa suficientes para muchos días.
Ellos no tenían carros ni trenes ni aviones en

aquel tiempo. La mayoría de la gente tenía que caminar hasta sus pueblos natales. Algunos viajaban en burros.

Cuando llegaban a sus pueblos natales, se registraban e informaban cuántas personas había en sus familias. De esta manera, César sabía cuántas personas vivían en su reino. Él usaba esta información de muchas formas. Le ayudaba a determinar cuántos impuestos recolectar, cuántos guardias contratar, cuántos caminos construir, entre otras cosas.

Es importante que hagamos lo que nuestro gobierno nos pide, siempre y cuando no nos pidan que desobedezcamos a Dios. Los gobiernos ayudan a los países y reinos a funcionar sin problemas. Dios quiere que obedezcamos las leyes y seamos buenos ciudadanos.

Querido Padre, gracias por colocar en el gobierno a personas que quieren cuidar de mí. Dales sabiduría mientras ellos se esfuerzan y tratan que mi casa sea un lugar bueno y seguro para vivir.

UNA QUIETA PAZ AL MUNDO

César Augusto logró traer
Una quieta paz al mundo,
Todo el ruido de guerra
Cesó en todo lugar
Solo José, con su María,
Llegaron hasta Belén,
El lugar bendito y escogido
Para dar a luz a su bebé
Pero todo el pueblo estaba
lleno de invitados,
Tal era su inútil situación,
Que no quedaba ni una cama libre,
Ni había lugar para descansar;

Pero en un pobre y simple mesón,
En el establo de un buey,
Fue escogido para entretener
El Salvador de todos nosotros.
Oh, cantemos todos,
con voz y corazón,
Que aumente el amor cristiano,
Porque en este día
Ha nacido Jesús, el Príncipe de Paz.

Augustus Caesar Having Brought
[Una quieta paz al mundo]
Por Davies Gilbert

Confía y obedece

Y José subió de Galilea, de la ciudad de Nazaret, a Judea, a la ciudad de David, que se llama Belén, por cuanto era de la casa y familia de David; para ser empadronado con María su mujer, desposada con él, la cual estaba encinta.

LUCAS 2.4-5

Las familias de María y José se habían mudado de su pueblo natal, un lugar llamado Belén. Ahora vivían en el pueblo de Nazaret. María y José tuvieron que empacar sus cosas y hacer el largo viaje de vuelta a Belén, para que pudieran contarlos. Ellos querían ser buenos ciudadanos, así que obedecieron a su emperador.

Ya se acercaba el momento en el que María daría a luz a Jesús, pero eso no importaba. Aún así tenía que ir a Belén para ser contada. Probablemente fue un viaje muy difícil para ella. Quizás se preguntó porqué Dios le pediría que hiciera algo tan difícil. Pero ella no se molestó ni se quejó. Hizo lo que le pidieron que hiciera. María confiaba en que Dios tenía una razón para que ella tuviera que hacer aquel largo viaje.

Querido Padre, a veces tengo que hacer cosas que no quiero hacer. A veces tengo que trabajar, cuando preferiría jugar, o me tengo que acostar a dormir cuando quiero quedarme despierto. A veces tengo que dar viajes largos y estar sentado en el auto por muchas horas no es divertido. Ayúdame a tener una actitud agradable. Ayúdame a confiar en ti, aun cuando no entiendo.

OH PUEBLECITO DE BELÉN

Oh pueblecito de Belén,
cuán quieto tú estás.
Los astros en silencio
dan su bella luz en paz.
Mas en tus calles brilla
la luz de redención
que da a todo hombre la
eterna salvación.

Nacido el Mesías ha,
y en Su derredor,
los santos ángeles de Dios
vigilan con amor.
Alábenlo los astros;
las nuevas proclamad
que a los hombres dan la
paz y buena voluntad.

Oh pueblecito de belén
por Phillips Brooks

El asno de María

Y José subió de Galilea ... para ser
empadronado con María su mujer,
desposada con él, la cual estaba encinta.

LUCAS 2.4-5

Clac, clac, clac. Los cascos del asno
iban sonando por el camino rocoso. Tal vez
María tarareaba canciones al ritmo de los cascos. Quizás le parecía una canción de cuna y
tomó alguna siesta durante el largo camino.

Belén estaba muy lejos de Nazaret. Les
tomó cuatro o cinco días para viajar allí, y
los caminos eran pedregosos y con cuestas. La
mayoría de la gente viajaba en grupos, por segu-
ridad, porque con frecuencia había ladrones en
el camino.

Como María estaba embarazada de Jesús,
hubiera sido muy difícil para ella hacer el viaje
caminando. Es muy posible que haya viajado
en asno. Tal vez hasta le puso nombre y le dio

de comer algunos antojitos. Probablemente se sintió muy agradecida por el asno porque, sin él, hubiera tenido que caminar todo el trayecto.

¡Qué tarea especial para el asno! ¡Llevar al Hijo de Dios y a su mamá! El asno dio lo mejor de sí para Dios al cargar a María en el largo viaje, para que ella no tuviera que caminar. Aquel simple asno jugó un papel importante en el plan especial de Dios. Dios tenía un plan para María, para José y hasta para el asno. Y también tiene un plan para ti. Él te ama y quiere que le honres dando lo mejor de ti en todo lo que hagas.

Querido Padre, gracias por cuidar a María en el largo viaje hasta Belén. Gracias por enviarnos animales para que los amemos y los cuidemos. El asno de María dio lo mejor para ti. Y yo también quiero dar lo mejor de mí para Ti.

LAS BESTIAS AMIGABLES

Jesús nuestro hermano,
amable y bueno
Nació humildemente en un establo
Y bestias amigables a su
alrededor estuvieron,
Jesús nuestro hermano,
amable y bueno.

«Yo», dijo el asno, lanudo y marrón,
«Yo cargué a Su madre por las colinas;
Yo la cargué segura hasta Belén»,
«Yo», dijo el asno, lanudo y marrón.

THE FRIENDLY BEASTS
[LAS BESTIAS AMIGABLES]
VILLANCICO INGLÉS TRADICIONAL

Una promesa es para siempre

[Dios le dijo a David] Y será afirmada tu casa y tu reino para siempre delante de tu rostro, y tu trono será estable eternamente.

2 SAMUEL 7.16

Cuando David era un niñito, él era como todos los niñitos. Él ayudaba a su familia cuidando a sus animales. Le gustaba jugar con piedras y practicaba tirándolas a distintos blancos. Le gustaba la música, y con frecuencia cantaba canciones a Dios.

A Dios le agradaba David, y Él pensó que David podía llegar a ser un buen rey. Él prometió que, un día, David sería rey. Pero pasó mucho tiempo antes de que esa promesa se cumpliera. Y mientras esperaba, David posiblemente se preguntó si Dios iba a cumplir Su promesa. Pero Dios siempre cumple Sus promesas, y un día, David se convirtió en rey.

Dios le prometió a David que su reino duraría para siempre. Pero pasó mucho, mucho tiempo antes de que Dios cumpliera aquella promesa. Mucho después de la muerte de David, nació el tátara, tátara (muchos tátaras) nieto de David. El nombre del bebé era Jesús. Él era miembro de la familia de David, pero también era el Hijo de Dios. Por medio de Jesús, Dios cumplió Su promesa a David. Jesús era el rey, y todavía hoy es el Rey. Y Su reino durará para siempre.

Dios también nos ha hecho promesas a nosotros. Él promete que nunca nos dejará. Él promete amarnos y cuidarnos. Y nos promete que, si creemos en Jesús, pasaremos con Él la eternidad en el cielo. A veces, tal vez nos preguntamos si Dios cumplirá las promesas que nos ha hecho. Pero nunca tenemos que preocuparnos por esto. Dios cumplió Sus promesas a David y cumplirá Sus promesas a nosotros.

Querido Padre, gracias por todas las promesas que nos has dado. Y gracias por siempre cumplir Tus promesas.

VEN, JESÚS MUY ESPERADO

Ven, Jesús muy esperado,
Ven, y quita de tu grey
Sus temores y pecados,
Pues tú eres nuestro Rey.
Eres fuerza y alegría,
De la tierra de Israel;
Y esperanza para aquellos,
Que te esperan con gran fe.

Naces para bien de todos;
Aunque niño, eres Dios;
Naces para hacernos buenos;
Oh Jesús, ven pronto hoy.
Con tu Espíritu divino
Reina en todo corazón,
Y tu gracia nos conduzca
A tu trono de esplendor.

Ven, Jesús muy esperado
por Charles Wesley,
traducido por Lorenzo Álvarez

No había lugar

No había lugar para ellos en el mesón.

LUCAS 2.7

Belén estaba abarrotada de gente. Muchas personas de los pueblos alrededor habían caminado o viajado en asno hasta Belén para ser contados. Solo los primeros en llegar pudieron encontrar habitaciones en los hoteles. Los otros tuvieron que dormir afuera, en el suelo. Tal vez algunos durmieron en tiendas de campaña.

José quería que María tuviera un lugar cálido donde reposar. Él sabía que el bebé iba a nacer pronto y no quería que naciera a la intemperie, en el aire frío de la noche. «Por favor, señor, ¿podría encontrar un lugar para nosotros?», le preguntó al ocupado mesonero. José sabía que había mucha gente en la ciudad, pero tenía la esperanza de que alguien viera que María estaba a punto de tener al bebé e hiciera espacio para ella.

El bondadoso mesonero miró a María. Él quería ayudar, ¡pero todas sus habitaciones estaban ocupadas! No podía pedirle a ninguno de sus clientes que se fuera. Después de todo, ellos habían llegado primero. ¡No sabía qué hacer!

Entonces, tuvo una idea. «¡Vengan conmigo!», les dijo. «Pueden quedarse en mi establo. Por lo menos es un lugar cálido». Y les mostró el lugar donde mantenía a sus animales. Olía a heno y posiblemente los animales estaban haciendo ruido.

«¡Baaaa!», decían las ovejas.

«¡Muuu!», decía la vaca.

José llevó a María al cálido establo. La acomodó sobre el heno y le dio gracias a Dios por cuidar de su familia.

Querido Padre, gracias por cuidar siempre de nosotros. Aun cuando las cosas no salen exactamente como las planificamos, sabemos que Tú nos estás cuidando.

Tú dejaste Tu trono y corona por mí

Tú dejaste tu trono y corona por mí
Al venir a Belén a nacer
Más a Ti no fue dado el entrar
al mesón
Y en pesebre te hicieron nacer.

Ven a mi corazón oh Cristo
Pues en él hay lugar para Ti
Ven a mi corazón, oh Cristo, ven
Pues en él hay lugar para Ti.

Tú dejaste Tu trono y corona por mí por
Emily E. S. Elliott

¡Llegó la hora!

> Y aconteció que estando ellos
> allí, se cumplieron los días
> de su alumbramiento.

LUCAS 2.6

José y María se acomodaron sobre el mullido heno en el establo. Tal vez hasta se hicieron amigos de los animales, y les hablaron y les pusieron nombres. Es posible que el asno de María se haya quedado también con ellos en el establo.

Poco tiempo después, María miró a José. «Creo que llegó la hora», le dijo. Había llegado el tiempo para que Jesús naciera. Como este era su primer hijo, es posible que María haya estado asustada. Quizás había una mujer cerca —tal vez la esposa del mesonero— que ya había pasado por esto antes. Quizás ella ayudó a María a mantenerse calmada.

Es probable que José haya ayudado también, o tal vez se la pasó caminando de un lado para otro nerviosamente, orando para que su esposa y su hijo estuvieran bien. Pero él no tenía por qué preocuparse. El bebé que estaba a punto de nacer era el Hijo de Dios. Y Dios los cuidaría.

Jesús, el Hijo de Dios, era el Rey de reyes. Dios pudo haber escogido cualquier lugar para el nacimiento de Su Hijo. Pudo haber nacido en una mansión o en un palacio. Pero Él no nació en ningún sitio elegante. Jesús nació en un establo, rodeado de heno y animales. Dios escogió que Jesús naciera en un lugar donde cualquiera y todo el mundo pudiera encontrarlo.

Querido Padre, gracias por enviar a Tu Hijo como un regalo al mundo. No lo escondiste de nosotros, ni hiciste que fuera difícil encontrarlo. Tú prometiste que todo el que lo busque, lo encontrará. Gracias por Jesús.

Noche de Paz

Noche de paz, noche de amor,
Todo duerme en derredor;
sobre el santo niño Jesús
Una estrella esparce su luz,
Brilla sobre el Rey
Brilla sobre el Rey.

Noche de paz, noche de amor,
Todo duerme en derredor
Fieles velando allí en Belén
Los pastores, la madre también.
Y la estrella de paz
Y la estrella de paz.

NOCHE DE PAZ
POR JOSEPH MOHR,
TRADUCTOR DESCONOCIDO

Seguro y tibio

Y dio a luz a su hijo primogénito,
y lo envolvió en pañales, y
lo acostó en un pesebre.

LUCAS 2.7

Todos los días nacen bebés alrededor del mundo. Todos los días, las mamás cuentan los deditos de las manos y de los pies de sus bebés y admiran sus dulces caritas. Luego, los envuelven en frazadas y los aprietan a su pecho. A los bebés les gusta que los envuelvan con frazadas tibias. Los hace sentir seguros.

El bebé Jesús no era distinto a otros bebés. Su mami probablemente contó todos sus deditos. Posiblemente exclamó cuán bello y perfecto era Él. Luego, lo envolvió en telas suaves, o pequeñas frazadas, y lo acurrucó a su pecho. Tal vez le cantó mientras lo alimentaba. Quizás lo observó hasta que Jesús se quedó dormido, y luego lo colocó en un pesebre.

Un pesebre es un comedero para animales. En el establo no había una cuna elegante, así que posiblemente José puso heno fresco en el pesebre. Tal vez cubrió el heno con una frazada limpia, para ofrecer un lugar suave al bebé Jesús. Luego María lo colocó allí. Probablemente, ella y José se sentaron y lo observaron por un largo rato, agradeciéndole a Dios por haberle dado un niñito fuerte y saludable.

Dios proveyó un lugar tibio para que Jesús naciera. Le proveyó un lugar suave para que Jesús durmiera. Tal no tenía ningún lujo, pero era todo lo que Él necesitaba. Dios también nos provee todo lo que necesitamos.

Querido Padre, gracias por
siempre darme lo que necesito.
Ayúdame a ser agradecido por
todo lo bueno que nos das.

MIENTRAS LOS PASTORES CUIDABAN SUS REBAÑOS

Para ti, en el pueblo de David hoy,
Ha nacido del linaje de David,
El Salvador, que es Cristo el Señor,
Y esta será la señal:
Y esta será la señal:

Al Niñito celestial allí encontrarás
Para que puedan verle,
Envuelto en pañales,
Y acostado en un pesebre;
Y acostado en un pesebre.

WHILE SHEPHERDS WATCHED THEIR FLOCKS
[MIENTRAS LOS PASTORES CUIDABAN SUS
REBAÑOS] POR NAHUM TATE

El regalo en el pesebre

> Y ... lo envolvió en pañales, y lo acostó en un pesebre, porque no había lugar para ellos en el mesón.
>
> Lucas 2.7

Chomp, chomp, chomp. Los burros mordisqueaban el heno en el pesebre.

«¡Beeee!», protestaba una oveja, mientras se abría paso para comer un poco.

Muy poco sabían los animales, pero más tarde en la noche aquel comedero acurrucaría un gran tesoro.

Cuando Jesús nació, María necesitaba un lugar suave para colocar al bebé. Pero como estaban en un establo, no había cunas lujosas. Ella no quería ponerlo en el piso, ¡allí lo podían pisar!

«Cariño, aquí. Podemos acostar a Jesús en este pesebre», tal vez le dijo José. El heno proveía un lugar acojinado y suave, y protegía a Jesús de los animales.

¿Quién hubiera pensado que la cama del Rey de reyes sería un viejo y apestoso comedero para animales? Esto prueba que no puedes juzgar un regalo por su empaque. Después de todo, Jesús era el más precioso regalo de Dios para el mundo. Y Dios no escogió envolverlo en un empaque caro y reluciente. En vez de eso, Jesús fue envuelto en telas simples y durmió en un pesebre.

A veces, los mejores regalos son los que vienen envueltos en empaques sencillos. Tal vez les falte elegancia, pero están llenos de amor. Esos son los regalos que durarán por mucho tiempo, aun después de que hayamos botado el empaque.

Querido Padre, gracias por
el regalo de Tu amor. Gracias,
también, por recordarme que Tus
mejores regalos con frecuencia
vienen en empaques sencillos.

JESÚS EN PESEBRE

Jesús en pesebre, sin cuna, nació;
Su tierna cabeza en heno durmió.
Los astros, brillando, prestaban su luz
al niño dormido, pequeño Jesús.

Los bueyes bramaron y Él despertó,
mas Cristo fue bueno y nunca lloró.
Te amo, oh Cristo, y mírame, sí,
aquí en mi cuna, pensando en ti.

Away in a Manger
[Jesús en pesebre]
Atribuido a Martín Lutero

Haciendo su trabajo

> Había pastores en la misma región,
> que velaban y guardaban las vigilias
> de la noche sobre su rebaño.
>
> LUCAS 2.8

El trabajo de un pastor es cuidar de las ovejas. Ese no es un trabajo fácil porque las ovejas necesitan que las vigilen todo el día y toda la noche, todos los días. Si el pastor no hace su trabajo, alguna de las ovejas se puede extraviar y lastimarse.

Existen muchos peligros para las ovejas, especialmente si se alejan del rebaño. Pueden caerse por un acantilado y romperse un hueso. Los lobos pueden atacarlas. Ser pastor es un trabajo muy exigente.

La noche en que nació Jesús, algunos pastores estaban cerca cuidando a sus rebaños. Alguno de ellos pudo haber pensado: *Estoy cansado, no quiero pasarme la noche cuidando de estas ovejas tontas y viejas. ¿Por qué no pueden cuidarse por ellas mismas? Quiero irme a casa y acostarme a dormir.* Pero siempre debemos hacer nuestro trabajo, aun cuando no tengamos deseos de hacerlo. Cuando obedecemos a Dios y hacemos lo que se supone que hagamos, Él nos bendice.

Poco sospechaban aquellos pastores que en un establo cercano, el Hijo de Dios había nacido. Si se hubieran quedado en casa, sin hacer sus trabajos, ¡posiblemente se habrían perdido la noche más emocionante de todas sus vidas!

Querido Padre, gracias por bendecirme cuando te obedezco. Gracias por asignarme trabajos importantes. Ayúdame a hacer siempre lo que se supone que haga, con una actitud alegre.

MIENTRAS LOS PASTORES CUIDABAN SU REBAÑO

Mientras los pastores
Cuidaban sus rebaños en la noche,
Todos sentados en el suelo,
Descendió un ángel del cielo,
Y la gloria les deslumbró,
Y la gloria les deslumbró.

«No teman», les dijo, al ver
El miedo apoderarse de sus mentes,
«Les traigo nuevas de gran gozo,
A ustedes y a toda la humanidad,
A ustedes y a toda la humanidad».

WHILE SHEPHERDS WATCHED THEIR FLOCKS
[MIENTRAS LOS PASTORES CUIDABAN SU
REBAÑO] POR NAHUM TATE

Una luz resplandeciente

Y he aquí, se les presentó un ángel del Señor, y la gloria del Señor los rodeó de resplandor; y tuvieron gran temor.

LUCAS 2.9

«Beee, beee», llamaban las ovejas. Los pastores estaban recostados en el suelo, escuchando a sus rebaños y mirando las estrellas. Algunos dormitaban, mientras que otros luchaban para mantenerse despiertos.

De repente, ¡una luz resplandeciente alumbró el cielo! Iluminó los prados y cubrió el cielo hasta donde les alcanzaba la vista.

Los pastores se colocaron las manos sobre los ojos para protegerse de la luz resplandeciente. *¿Qué está pasando?*, seguro se preguntaban. *¡Es la medianoche! ¿Por qué el cielo está lleno de luz?*

La luz que veían era la gloria de Dios. Dios estaba feliz porque Su Hijo había nacido y quería que todo el mundo lo supiera. En medio de la luz había un ángel. El ángel estaba allí como mensajero de Dios, enviado para anunciar la llegada de Jesús.

Los pastores estaban asustados, ¡posiblemente hasta aterrados! ¡Nunca antes habían visto algo como esto! ¿Acaso era un sueño? ¿La criatura con alas les haría daño? Pero no, aquella criatura no parecía mala ni enojada. Parecía que tenía algo importante que decirles. Hasta las ovejas estaban maravilladas e hicieron silencio.

Aunque los pastores estaban confundidos, ellos sabían que esta era una noche muy especial. Miraron al ángel, esperando que les diera alguna explicación.

Querido Padre, gracias por amarte tanto como para enviar a Tu Hijo a la tierra. Al celebrar Su nacimiento, ayúdame a emocionarme debido a Tu amor por mí.

ÁNGEL DE LOS REINOS SANTOS

Ángeles de los reinos santos,
Vuelan sobre toda la tierra;
Cantando la historia de la creación,
Anunciando que el Mesías nació.

Ven y adoremos,
Ven y adoremos,
Adoremos a Cristo,
El recién nacido Rey.

ANGELS FROM THE REALMS OF GLORY
[ÁNGEL DE LOS REINOS SANTOS]
POR JAMES MONTGOMERY

Una noche especial

Pero el ángel les dijo: No temáis; porque he aquí os doy nuevas de gran gozo, que será para todo el pueblo: que os ha nacido hoy, en la ciudad de David, un Salvador, que es CRISTO el Señor.

LUCAS 2.10-11

En toda su vida, los pastores nunca habían estado tan aterrados. Durante años, habían venido a estos prados todas las noches y nunca les había ocurrido algo como esto. Luces resplandecientes, criaturas con alas en el cielo, voces en el aire... ¡era increíble!

Entonces el ángel les habló: «¡No teman! Les tengo buenas noticias. Lo que voy a decirles les hará muy felices».

Los pastores observaban y escuchaban con sus bocas abiertas.

El ángel continuó. «¡Hoy, en Belén, ha nacido el Hijo de Dios!».

¿Qué? ¿Cómo es posible? Los pastores habían escuchado que Dios enviaría a un Hijo. Desde que eran pequeños, les habían enseñado sobre la promesa de Dios a su pueblo. Pero, ¿sería realmente cierto? ¿Acaso el Hijo de Dios —Aquel que habían esperado sus padres, sus abuelos y sus bisabuelos— realmente había nacido esa noche, justo detrás de aquellas colinas?

Los pastores se miraron unos a otros. Querían saber si los otros habían visto y escuchado lo mismo. Posiblemente algunos se pellizcaron para asegurarse que no estaban soñando. Si lo que el ángel decía era cierto, ¡esta era verdaderamente una noche especial!

Querido Padre, gracias
por enviar a Tu ángel para
contarles a los pastores sobre
Jesús. Quiero ser como ese
ángel, y compartir Tus buenas
noticias con todo el mundo.

Y se escuchó en una noche despejada

Y se escuchó en una noche despejada,
Aquella gloriosa canción,
De ángeles que rodeaban la tierra
Tocando sus arpas doradas:

«Paz en la tierra, para los hombres
Buena voluntad, os ha
nacido un Rey»;
El mundo permaneció en
solemne quietud,
Escuchando a los ángeles cantar.

It Came Upon the Midnight Clear
[Y se escuchó en una noche despejada]
por Edmund Sears

Buscando al Rey

> Esto os servirá de señal: Hallaréis
> al niño envuelto en pañales,
> acostado en un pesebre.
>
> LUCAS 2.12

A los pastores se les estaba haciendo muy difícil creer lo que estaban viendo y oyendo. ¿Luces resplandecientes en el cielo? ¿Ángeles? ¿Que el Hijo de Dios había nacido por allí cerca? Parecía demasiado maravilloso para ser cierto.

El ángel seguro sabía que necesitarían una señal. «¡Vayan y véanlo por ustedes mismos!», les dijo el ángel. «Vayan a Belén y búsquenlo. Lo encontrarán envuelto en pañales y acostado en un comedero para animales».

Otra vez, los pastores se miraron unos a otros. ¿Por qué? ¡Porque esta historia parecía más y más una locura! ¿Un comedero para animales? ¿Un pesebre? ¿Por qué razón Dios enviaría a Su Hijo, el Príncipe de Paz, a nacer en un establo? ¿Por qué permitiría Dios que el Rey de reyes estuviera acostado en un pesebre sucio y apestoso?

Quedaron de pie de un salto y corrieron para ver por ellos mismos, y dejaron atrás a sus ovejas. Corrieron colina arriba, brincaron sobre rocas y pequeños arbustos. Gracias a que Dios había enviado aquella luz resplandeciente, ¡podían ver el camino!

Corrieron hacia el centro del pueblo, entrando y saliendo disparados de distintos establos, sin preocuparse para nada si estaban despertando a toda la ciudad. «¿Está Él aquí?», decían entre sí.

«No, está aquí. ¡Miremos en aquel que está allí!».

«No. Aquí no hay ningún bebé».

«¡Muchachos, vengan acá! ¡Creo que lo encontré!».

Los pastores siguieron la voz de su amigo hasta el pesebre. Y efectivamente, allí encontraron a una pareja joven. Y acostado en el pesebre, envuelto en pañales, había un bebé recién nacido... justo como había dicho el ángel.

Querido Padre, te doy
las gracias por Jesús.

HAY UNA CANCIÓN EN EL AIRE

En la luz de esa estrella
Yacen siglos perlados;
Y esa canción lejana
Ha arropado al mundo.

Todo corazón está en llamas,
Y canta la hermosa canción
En los hogares de las naciones
¡Proclaman que Jesús el Rey nació!

Nos regocijamos en la luz,
Y hacemos eco de la canción
Que resplandece en la noche
Desde el trono celestial.

Adoremos el hermoso
Evangelio que trae,
Y saludemos en Su pesebre
¡A nuestro Salvador y Rey!

THERE'S A SONG IN THE AIR
[HAY UNA CANCIÓN EN EL AIRE]
POR JOSIAH HOLLAND

Alimento para las aves

Considerad los cuervos, que ni siembran, ni siegan; que ni tienen despensa, ni granero, y Dios los alimenta. ¿No valéis vosotros mucho más que las aves?

LUCAS 12.24

«¡Pío, pío!», trinan felizmente las aves en los árboles. Están entonando sus alabanzas a Dios. Aunque no tienen casas permanentes, aunque ni siquiera tienen un lugar dónde almacenar su comida, Dios siempre se asegura que tienen suficiente para alimentarse. Él las cuida porque las ama.

La noche en que Jesús nació, había animales muy cerca. Sus dueños cuidaban de ellos, guardándolos seguramente en un tibio establo. Aquellos dueños seguro que amaban a sus animales. Dios ama a los animales, y Él quiere que le ayudemos a cuidar a todas Sus criaturas.

Igual que las aves cantan alabanzas a Dios —quien cuida de ellas—, es posible que los animales que estaban en el establo aquella noche hayan adorado a Dios por haber enviado al Rey recién nacido a nacer en su establo.

«Muuu», mugió la vaca.

«Beee», baló la oveja.

«Oink, oink», gruñió el cerdo.

Dios ama a los animales y los cuida, y nos ama mucho más a nosotros. Él quiere cuidarnos. Dios quiere que confiemos en Él para todas nuestras necesidades, tal como hacen los animales.

Querido Padre, gracias por amar a los animales. Ayúdame, por favor, a cuidar y a amar a mis animales de la manera en que Tú quieres que lo haga. Ayúdame a confiar en Ti para todas mis necesidades, igual que hacen los animales.

¡CRISTIANOS BUENOS, REGOCÍJENSE!

¡Cristianos buenos, regocíjense!
Con alma, corazón y voz;
Presten atención a lo que anunciamos:
¡Buenas nuevas! ¡Buenas nuevas!
Jesucristo nació hoy;
El buey y el asno ante Él se inclinan,
Y justo ahora en el pesebre está.
¡Cristo ha nacido hoy!
¡Cristo ha nacido hoy!

¡Cristianos buenos, regocíjense!
Con alma, corazón y voz;
Presten atención a lo que anunciamos:
¡Alegría! ¡Alegría! ¡Jesucristo
para esto nació!
Él ha abierto la puerta de los cielos,
Y para siempre el hombre
es bendecido.
¡Cristo para esto nació!
¡Cristo para esto nació!

GOOD CHRISTIAN MEN, REJOICE!
[¡CRISTIANOS BUENOS, REGOCÍJENSE!]
POR HEINRICH SUSO, TRADUCIDO AL INGLÉS
POR JOHN MASON NEALE

¡Ángeles por todos lados!

Y repentinamente apareció con el ángel una multitud de las huestes celestiales, que alababan a Dios, y decían: ¡Gloria a Dios en las alturas, y en la tierra paz, buena voluntad para con los hombres!

LUCAS 2.13-14

El ángel envió a los pastores a Belén. Y hasta les dio una señal para que así supieran que habían encontrado al Hijo de Dios. Pero antes de que los pastores pudieran ponerse de pie, el cielo se llenó de ángeles... ¡más ángeles de los que podían contar!

Sin embargo, estos ángeles no estaban hablando. ¡Estaban cantando! Fue la música más hermosa que el mundo jamás haya oído. Su música llenó los cielos de alabanzas a Dios por haber enviado a Su Hijo a la tierra.

«¡Gloria a Dios!», cantaban. «¡Gloria en las alturas, y en la tierra paz!».

Ellos sabían que Jesús ofrecería un camino para que la gente tuviera paz con Dios. Jesús haría posible que las personas recibieran perdón por sus pecados.

«Buena voluntad para con los hombres», continuaron los ángeles. Ellos sabían que la única razón por la que Dios enviaría a Su Hijo a la tierra era porque Él amaba mucho a la gente. Dios sabía que la única manera en que las personas podían tener paz era a través de Jesucristo.

Ellos cantaron y cantaron. Nosotros, también, deberíamos cantar y adorar a Dios todos los días por amarnos.

Querido Padre, gracias
por amarnos tanto que
enviaste a Jesús. Gracias
por darme paz. Recuérdame
que te cante canciones, en
voz alta y en mi corazón.

OÍD UN SON EN ALTA ESFERA

Oíd un son en alta esfera:
¡en los cielos gloria a Dios!
¡al mortal paz en la tierra!
Canta la celeste voz.

Con los cielos alabemos,
al eterno Rey cantemos,
a Jesús que es nuestro bien,
con el coro de Belén.
Canta la celeste voz:
¡en los cielos, gloria a Dios!

OÍD UN SON EN ALTA ESFERA
POR CHARLES WESLEY

Divulgando la noticia

Y al verlo, dieron a conocer lo que se les había dicho acerca del niño.

LUCAS 2.17

LOS pastores no podían creer lo que veían. Habían buscado y buscado, y habían encontrado al Hijo de Dios acostado en un pesebre, justo como el ángel les había dicho que lo encontrarían. Este era Aquel del que habían escuchado historias. Aquel por el que habían esperado todas sus vidas. Este era Aquel por el que sus padres y abuelos y bisabuelos habían esperado.

Luego de pasar algunos minutos mirando al bebé, supieron que no podían guardarse esta noticia. «¡Vamos a decirle a todo el mundo!», susurraron.

Luego de hacerle reverencia, salieron del establo. «Gracias por permitirnos ver a su bebé», le susurraron a José y a María, y se fueron.

Tan pronto estuvieron afuera, comenzaron a caminar apresuradamente. Luego comenzaron a correr. «¡El Hijo de Dios está aquí!», gritaron. «¡Aquel que hemos esperado ha nacido esta noche, justo aquí en Belén! Dios ha cumplido Su promesa. ¡El Mesías finalmente ha llegado!».

Es posible que la gente se haya levantado. «¿Quién es ese que nos está despertando en medio de la noche?», quizás preguntaron.

Algunos se levantaron y fueron a ver por ellos mismos. Otros tal vez se echaron la sábana sobre la cabeza y volvieron a dormirse. Pero sin importar la respuesta, los pastores continuaron contándoles las buenas noticias a todo el que se encontraban: ¡Jesús había llegado!

Querido Padre, quiero ser
como los pastores y contarle de
Jesús a todo el que conozco.

Traigan una antorcha, Juana e Isabela

Traigan una antorcha, Juana e Isabela
Traigan una antorcha a
toda prisa y corriendo
Cristo ha nacido, cuéntenle
a la gente en el pueblo
Que Jesús está durmiendo
en Su pesebre.

¡Ah, cuán hermosa es la Madre!
¡Ah, cuán hermoso es su Hijo!
Apresúrense, buenos aldeanos
Apresúrense para ver al Niño Jesús
Lo hallaran dormido en el pesebre
Entren en silencio y susurren
En paz Él ahora duerme
En paz Él ahora duerme.

BRING A TORCH, JEANETTE, ISABELLA
[TRAIGAN UNA ANTORCHA, JUANA E ISABELA],
VILLANCICO TRADICIONAL FRANCÉS

El corazón
de María

Y todos los que oyeron, se maravillaron
de lo que los pastores les decían.
Pero María guardaba todas estas
cosas, meditándolas en su corazón.

LUCAS 2.18-19

«Shhhhh...», susurraba María.
«No despierten al bebé». Toda la noche había
visto a un constante flujo de visitantes entrando y saliendo del establo. Había comenzado
con los pastores. Luego, ellos le contaron a
todo el que vieron sobre su bebé recién nacido.
No importó que fuera durante la noche. La
gente estaba llegando en sus ropas de dormir
solo para poder ver a Jesús.

María sabía que Jesús era especial. El ángel
le había dicho que Él era el Hijo de Dios. Pero
ella todavía no sabía todo lo que ocurriría en la
vida de Jesús. Ella quería recordar cada detalle

de esta noche... la noche en la que ella dio a luz al Salvador prometido.

En muchas maneras, María no era diferente a otras madres. Cada madre sabe que su bebé es especial y quiere recordar cada detalle sobre el día en que nació su bebé. A través de la vida de su bebé, la madre regresa al recuerdo de aquel momento especial cuando su hijo era pequeño.

Más adelante, Jesús pasó por algunos momentos muy difíciles. La gente se portó muy mal con Él. Hasta le mataron. Cuando esas cosas pasaron, María estaba muy triste. Recordar los momentos dulces del nacimiento y la niñez de Jesús le ayudaron a sentirse mejor. Aunque la vida fue difícil, ella siempre se sintió feliz de que Dios la hubiera escogido para ser la madre de Jesús.

Querido Padre, por favor ayúdame a recordar todo lo bueno sobre mi vida. Ayúdame a pensar en esas cosas cuando me siento triste.

A TRAVÉS DE LA TORMENTA
DE INVIERNO

Niño sagrado y divino,
Cuán tierno es Tu amor,
Y por eso descendiste de las alturas,
A un mundo como este.

Enséñanos, oh enséñanos,
Niño divino,
Con Tu rostro tan dulce y humilde,
Ayúdanos a parecernos a Ti,
En Tu tierna humildad.

SEE, AMID THE WINTER'S SNOW
[A TRAVÉS DE LA TORMENTA DE INVIERNO]
POR EDWARD CASWELL Y SIR JOHN GOSS

Ana

[Ana] era viuda hacía ochenta y cuatro años; y no se apartaba del templo, sirviendo de noche y de día con ayunos y oraciones. Esta, presentándose en la misma hora, daba gracias a Dios, y hablaba del niño a todos los que esperaban la redención en Jerusalén.

LUCAS 2.37-38

Ana era muy anciana. Ella nunca había tenido hijos y su esposo había muerto hacía mucho tiempo. Ella había pasado la mayor parte de su vida en el templo, adorando a Dios y ayudando en cualquier manera que podía.

Ella amaba mucho a Dios y quería servirle. Ella sabía que una de las mejores maneras de servir a Dios era quedándose en el templo. De esa manera, estaría lista si alguien necesitaba algo.

Algunas personas pueden cansarse de servir a Dios, pero Ana no. Ella nunca dijo: «Creo que me voy a quedar en casa hoy. Mejor visito a mis vecinos o me coso un nuevo vestido». Ella sabía que se suponía que estuviera en el templo, sirviendo a Dios. Y como obedecía a Dios, ella estaba en el templo el día que María y José llegaron con el bebé Jesús. Ella pudo sostener al Hijo de Dios en sus brazos y estar entre las primeras personas que anunció Su llegada al mundo.

Igual que Ana, necesitamos servir y obedecer a Dios todos los días. Así, siempre estaremos donde se supone que estemos. No sabemos cuando Dios puede decidir presentarse y bendecirnos.

Querido Padre, quiero servirte
como Ana te sirvió. ¡Te amo!

EN MEDIO DEL DESOLADO INVIERNO

Ángeles y arcángeles,
Tal vez allí se reunieron,
Querubines y serafines
Abarrotaron los aires;

Pero solo su madre,
Con una alegría sin par,
Adoró al Amado
Con un beso maternal.

¿Qué puedo ofrecerle,
Si tan pobre soy?
Si fuera un pastor
Una oveja le traería,

Si fuera un mago,
Mi ofrenda le presentaría,
Pero lo que sí puedo darle
Es mi corazón.

IN THE BLEAK MIDWINTER
[EN MEDIO DEL DESOLADO INVIERNO]
POR CHRISTINA ROSSETTI

Los magos

Cuando Jesús nació en Belén de
Judea en días del rey Herodes,
vinieron del oriente a Jerusalén
unos magos, diciendo: ¿Dónde está
el rey de los judíos, que ha nacido?
Porque su estrella hemos visto en
el oriente, y venimos a adorarle.

MATEO 2.1-2

«¡Mira esa estrella!». Señaló el
hombre, y sus amigos miraron hacia el cielo. El
hombre y sus amigos eran muy listos. Habían
pasado años estudiando las estrellas. Ellos
creían que podían descubrir cosas sobre Dios
mirando Su creación.

«¿Crees que esa es la que esperamos?», preguntó otro hombre. «¿Acaso será esa la estrella
que nos dirigirá hasta el Hijo de Dios?».

«¡Vayamos y averigüemos!», respondió el
primer hombre. Los magos empacaron sus

pertenencias y salieron de inmediato. No les importó el tiempo que les tomaría. Estaban listos para viajar tan lejos como fuera necesario para poder ver a Jesús. Luego de mucho tiempo, encontraron a Jesús y a sus padres. Ellos sabían que estaban ante la presencia del Hijo de Dios.

Los magos buscaron a Jesús y sabían que lo encontrarían. Nosotros también podemos buscarlo. Es posible que no lo veamos en persona. Sin embargo, podemos buscar las formas en las que Él nos muestra que nos ama. Podemos buscar maneras de mostrar Su amor a otras personas, porque cuando mostramos Su amor, Jesús está allí.

Querido Padre, gracias por enviar los magos a Jesús. Yo también quiero ser sabio. Y quiero pasar cada día buscando Tu amor y Tu plan para mi vida.

DEL ORIENTE SOMOS LOS TRES

¡Los tres Reyes, vednos aquí!,
Lejos nuestra patria está.
Siempre vimos y seguimos
La estrella que nos guió.

¡Oh, astro lleno de amor,
De belleza y fulgor!
Tu camino nos conduce
Al eterno esplendor.

DEL ORIENTE SOMOS LOS TRES
POR JOHN H. HOPKINS

El rey Herodes

> Oyendo esto, el rey Herodes se turbó, y toda Jerusalén con él.
>
> MATEO 2.3

LOS magos viajaron durante un largo tiempo buscando a Jesús. Tuvieron que parar para descansar y para comer y beber agua. Cuando se detenían, hablaban con las personas que vivían en el lugar.

«Estamos buscando al rey recién nacido», decían emocionados.

Una noche, se detuvieron en la aldea del rey Herodes. Cuando Herodes escuchó que los hombres estaban buscando al rey de los judíos, se preocupó. *Yo soy el rey*, él pensó. *¿Quién es este bebé al que ellos buscan?* Se preocupó de que alguien estuviera tratando de quitarle su lugar.

Herodes quería averiguar quién era este bebé. Él quería que el bebé y su familia desaparecieran, para que no pudieran intentar quitarle su lugar. Él no entendía que el reino de Jesús no era aquí en la tierra.

Herodes pretendió estar interesado en el bebé Jesús. Les dijo a los hombres: «Cuando encuentren al bebé, regresen y díganme dónde está, para así poderle enviar un regalo. Yo también quiero adorarle».

Pero en realidad, Herodes no quería enviarle un regalo. Tampoco quería adorar a Jesús. Él quería matarlo.

Si Herodes solo se hubiera tomado el tiempo para averiguar más sobre este bebé, habría descubierto que Jesús no vino a ser un rey terrenal. Él vino a ser el rey de nuestros corazones.

Querido Padre, gracias por enviar a Jesús para ser el Rey de mi corazón. Quiero adorarte con mi vida.

El nacimiento de un Rey

En la pequeña ciudad de Belén,
Un día yacía un Niño;
Y el cielo resplandecía
con una santa luz
En el lugar donde Jesús nació.

¡Aleluya! ¡Cantaron los ángeles!
¡Aleluya! Entonaron su canción
Y el cielo resplandecía
con una santa luz
Era el nacimiento de un Rey.

EL NACIMIENTO DE UN REY
POR WILLIAM H. NEIDLINGER

Siguiendo la estrella

Ellos, habiendo oído al rey, se fueron;
y he aquí la estrella que habían visto
en el oriente iba delante de ellos, hasta
que llegando, se detuvo sobre donde
estaba el niño. Y al ver la estrella, se
regocijaron con muy grande gozo.

MATEO 2.9-10

«¡Allí está! ¡Vayamos en esa dirección!», dijo a sus amigos uno de los magos. «Creo que nos estamos acercando».

Los magos viajaron durante mucho tiempo. Noche tras noche, mes tras mes, ¡siguieron aquella estrella por más de dos años! La estrella seguía moviéndose, guiándoles hacia donde tenían que llegar. A veces, es posible que se hayan cansado. Tal vez se preguntaron si llegarían alguna vez a su destino. Quizás hasta pensaron en regresar a sus casas.

Pero continuaron. No se dieron por vencidos. Y finalmente, la estrella se detuvo sobre la casa donde Jesús vivía con sus padres. ¡No podían creer lo que estaban viendo! ¿Acaso estaba por terminar su largo viaje?

Mientras se acercaban a la casa, se sintieron muy felices. Por fin, ¡verían a Aquel que habían estado buscando! Por fin, conocerían a Jesús, el Hijo de Dios. Y sabían que, sin duda, este era un día muy especial.

Los magos siguieron la estrella. Ellos fueron adonde Dios les dirigió, y Él les dio gozo. Cuando seguimos a Dios, Él no ayuda también a sentirnos gozosos.

Querido Padre, me alegra que
los magos hayan seguido el
camino que Tú les trazaste.
Yo también quiero seguirte.

La primera Navidad

La primera Navidad un coro se oyó;
a humildes pastores el cielo cantó,
y un ángel les habló rodeado de luz,
anunciando la Natividad de Jesús.
Noel, Noel, Noel, Noel.
Hoy ha nacido el Rey de Israel.

La estrella de Belén a los magos guió;
en la noche silente en Judea brilló.
El pesebre encontraron siguiendo la luz
y le dieron presentes al niño Jesús.
Noel, Noel, Noel, Noel.
Hoy ha nacido el Rey de Israel.

LA PRIMERA NAVIDAD,
UN ANTIGUO VILLANCICO INGLÉS

Regalos para el bebé Jesús

Y al entrar en la casa, vieron
al niño con su madre María,
y postrándose, lo adoraron; y
abriendo sus tesoros, le ofrecieron
presentes: oro, incienso y mirra.

MATEO 2.11

¡Los magos no podían creer lo que veían! Habían viajado durante tanto tiempo y a veces se habían preguntado si alguna vez llegarían hasta el nuevo rey. Pero allí, frente a ellos, había una casa. La estrella que habían seguido se había detenido, justo sobre aquella casa. Tocaron a la puerta y María contestó. «¿Puedo ayudarles?», ella les preguntó.

«Estamos aquí para ver al Hijo de Dios. ¿Está Él aquí?».

«Sí, está aquí». Ella los invitó a pasar. Tal vez les ofreció algo de comer o beber. Pero no importa cuán agotados o sedientos estaban los hombres, posiblemente solo tenían una cosa en mente. ¡Querían ver al Hijo de Dios!

Jesús tenía cerca de dos años. Quizás se estaba comiendo su almuerzo o jugando con sus bloquecitos de madera. Los hombres se acercaron y se arrodillaron frente a Jesús.

Y también le dieron algunos regalos. Los regalos eran muy costosos, dignos de un rey. Jesús era muy pequeño para entender el valor de aquellos regalos. María les dio las gracias y guardó los regalos para cuando Jesús fuera mayor.

Nosotros también podemos darle regalos a Jesús. Es posible que no tengamos regalos elegantes como los que le dieron los magos. Pero lo que Jesús más quiere es nuestro corazón. Cuando le amamos con todo nuestro corazón, le damos el más precioso de todos los regalos.

Querido Padre, te amo.
Ayúdame a amarte más cada
día, con todo mi corazón.

La primera Navidad

Esta estrella se acercó al noroeste
Sobre ella Belén descansó
E hizo tanto una pausa y estancia
Justo sobre el lugar donde Jesús nació.

Luego llegaron los tres sabios
Y se arrodillaron reverentemente
Y ofrecieron en Su presencia
Su oro y la mirra y el incienso.

LA PRIMERA NAVIDAD,
UN ANTIGUO VILLANCICO INGLÉS

El mejor de los regalos

Porque de tal manera amó Dios
al mundo, que ha dado a su Hijo
unigénito, para que todo aquel
que en él cree, no se pierda,
mas tenga vida eterna.

JUAN 3.16

La Navidad es un tiempo divertido, lleno de sorpresas y regalos con lindos empaques. Dondequiera que vamos, vemos lindas decoraciones y escuchamos música de fiesta. La Navidad trae secretos divertidos y comida deliciosa. Para muchas personas, la Navidad es la mejor temporada del año.

Los árboles coloridos son muy lindos, pero no son la razón por la que celebramos la Navidad. Es agradable escuchar la música, pero esa tampoco es la razón de la Navidad. Es divertido abrir los regalos, pero ni siquiera eso es la razón por la que celebramos la Navidad. El propósito de la temporada no son los regalos que recibimos la mañana de Navidad. De lo que trata es del regalo que Dios nos hizo hace mucho tiempo atrás.

Jesús es la razón por la que celebramos la Navidad. Celebramos la Navidad porque Dios nos amó tanto que envió a Su Hijo, Jesús, a vivir entre nosotros. Jesús vivió su vida por nosotros, para que así pudiéramos tener un ejemplo de cómo vivir. Luego, Él dio Su vida por nosotros, y recibió el castigo por nuestros pecados. No importa lo fabulosas que sean las bicicletas o las muñecas o los juegos o los perritos, ninguno de esos regalos se compara al verdadero regalo de la Navidad: Jesucristo.

Dios nos hizo un regalo y nosotros podemos hacerle un regalo a Él. Dios nos ama y quiere que nosotros también le amemos. Cuando decidimos amarlo con todo nuestro corazón, le hacemos a Él el regalo perfecto.

Querido Padre, gracias
por hacernos el mejor de
los regalos: Tu Hijo.

Oh pueblecito de Belén

Oh pueblecito de Belén,
cuán quieto tú estás.
Los astros en silencio dan
su bella luz en paz.
Mas en tus calles brilla
la luz de redención
que da a todo hombre la
eterna salvación.

Oh, cuán inmenso el amor
que nuestro Dios mostró
al enviar un Salvador; Su
Hijo nos mandó.
Aunque Su nacimiento
pasó sin atención,
aún lo puede recibir el
manso corazón.

OH PUEBLECITO DE BELÉN
POR PHILLIPS BROOKS

Alimentando a las ovejas

¿Me amas? ...
Apacienta mis ovejas.
JUAN 21.17

En Navidad, pensamos en Jesús, el regalo de Dios a nosotros. Pensamos en hacer regalos a otras personas, y nos esforzamos en hacer que esos regalos sean especiales. Ahorramos dinero, envolvemos los regalos con papel colorido y esperamos con emoción que los regalos sean abiertos.

Pero Jesús quiere que regalemos a otros todos los días. Él quiere que compartamos el regalo de Su amor con todas las personas que nos encontramos. Después de todo, la gente necesita saber que Él los ama todo el tiempo, ¡no solo en Navidad! Ellos necesitan Su amor cada día de sus vidas.

De cierta manera, Jesús quiere que seamos como los pastores en la historia de la Navidad. Las personas a las que conocemos son como las ovejas. Él quiere que las cuidemos y las alimentemos con Su amor. Cuando hacemos esto, les damos a ellas el mejor de los regalos. Y además, le hacemos también un regalo a Jesús pues estamos haciendo lo que Él nos pide que hagamos.

Querido Padre, te amo y quiero
alimentar a Tus ovejas. Ayúdame
a compartir Tu amor con todo el
mundo, todos los días del año.

OH NOCHE SANTA

Nos enseñó a amarnos uno al otro,
su voz fue amor, su evangelio es paz.
Nos hizo libres del yugo y las cadenas
de opresión, que en Su
Nombre destruyó.

De gratitud y gozo, dulces
himnos canta
el corazón humilde que a
toda voz proclama
¡Cristo el Salvador! ¡Cristo el Señor!
Por siempre y para siempre,
todo el honor
la gloria y el poder, sean para él.

OH NOCHE SANTA,
VILLANCICO FRANCÉS TRADICIONAL

Sobre la autora

Renae Brumbaugh es escritora y columnista sindicada con más de doscientos artículos impresos. Vive en Texas, donde hace malabarismos entre ser la mamá de Charis y Foster, y dar clases de literatura y lingüística a estudiantes de séptimo grado en una escuela local.